PIERRE BAYEN

CHIMISTE

Né à Châlons le 7 février 1725

Note lue à la Société d'Agriculture, Commerce, Sciences et Arts
du département de la Marne,
Dans la séance publique du 23 août 1865

Par M. Hippolyte FAURE

Membre titulaire résidant.

CHALONS-SUR-MARNE

CHEZ J.-L. LE ROY, IMPRIMEUR-LIBRAIRE,

—

1865

Pierre BAYEN,

d'après un portrait en grisaille, qui figure à l'Hôtel-de-Ville de Châlons.

PIERRE BAYEN

CHIMISTE

NÉ A CHALONS, LE 7 FÉVRIER 1725

PIERRE BAYEN

CHIMISTE

Né à Châlons le 7 février 1725

Note lue à la Société d'Agriculture, Commerce, Sciences et Arts
du département de la Marne,
dans la séance publique du 23 août 1865

Par M. HIPPOLYTE FAURE

Membre titulaire résidant.

CHALONS-SUR-MARNE

CHEZ J.-L. LE ROY, IMPRIMEUR-LIBRAIRE

—

1865

A Monsieur P.-A. CAP,

Membre associé de l'Académie impériale de médecine,
Membre honoraire de l'Académie royale de médecine de Belgique,
Membre des Académies des sciences de Turin, Florence, Venise, Lyon.
Rouen, Caen, Stanislas de Nancy, etc., etc.
Membre honoraire non résidant de la Société d'Agriculture, Commerce.
Sciences et Arts du département de la Marne.

MONSIEUR,

Vous avez consacré vos loisirs et votre talent à remettre en mémoire la vie des savants oubliés ou méconnus, et l'année dernière vous avez choisi pour sujet d'études un chimiste né dans notre pays. Ce que vous avez fait pour un cercle très-étendu, j'ai tenté de l'imiter pour ma ville natale où la personne de Bayen a laissé peu de souvenirs. Permettez-moi de placer sous la protection de votre nom cette simple note, et laissez-moi ajouter que si je compte au nombre de vos élèves et de vos amis, j'ai le désir d'en être le plus reconnaissant et le plus affectionné,

HIPPOLYTE FAURE.

PIERRE BAYEN

CHIMISTE

Né à Châlons le 7 février 1725

Note lue à la Société d'Agriculture, Commerce, Sciences et Arts
du département de la Marne,
Dans la séance publique du 23 août 1865

Par M. Hippolyte FAURE

Membre titulaire résidant.

MESSIEURS,

Le chimiste Pierre Bayen, notre compatriote, a eu de nombreux biographes. Le premier, en date, est Lassus, secrétaire de la classe des sciences physiques à l'Institut national, qui, dans une séance publique tenue le 15 germinal an VI, lisait à cette savante Compagnie une notice historique sur un membre des plus distingués que tout récemment elle venait de perdre. En effet, le 27 pluviôse précédent (15 février 1798), était mort à Paris, à l'âge de 73 ans, Pierre Bayen, membre de l'Institut national de France, de la Société de médecine et du Collége de pharmacie de Paris, et l'un des inspecteurs généraux du service de santé des armées de la République.

Un peu plus tard, le 22 floréal de la même année, un homme auquel la société tout entière doit une reconnais-

sance justement acquise, l'illustre agronome et pharmacien Parmentier, prononçait solennellement, devant la Société de médecine de Paris, l'éloge de celui qui avait été
son maître, son collègue et son ami (1).

En réunissant et en publiant, quelques mois après, sous
le titre d'Opuscules chimiques, les mémoires de Bayen,
épars dans divers recueils, Malatret, son neveu, les faisait précéder de cet éloge inspiré à Parmentier par son
affection pour Bayen, et, dans un discours préliminaire
qui commence le premier volume de ces mémoires, il
insérait des passages empruntés à une notice sur son
oncle, notice écrite par un ami dont le nom n'est pas
indiqué.

Le XXIXe volume des annales de chimie, publié en l'an VII,
contient sur les Opuscules chimiques un article bibliogra-
phique rédigé par Bouillon Lagrange, et une analyse rai-
sonnée des travaux de leur auteur; cet article est aussi un
éloge de Bayen.

Enfin, le 9 novembre de l'année dernière, j'assistais à la
séance de rentrée de l'École supérieure et de la Société de
pharmacie de Paris, et j'avais la satisfaction d'entendre
mon cher et vénéré maître, M. P. A. Cap, votre collègue,
lire à cette assemblée une nouvelle étude sur notre compatriote (2).

(1) Sylvestre, qui fut si longtemps secrétaire de la Société d'agriculture
de Paris, lut également un éloge de Bayen à la Société philomatique et au
Lycée républicain, le 27 messidor an VI. Cet éloge est imprimé dans les
rapports généraux sur les travaux de la Société philomatique, — vol. I,
p. 233. 1799. (Note communiquée par M. Cap.)

(2) Une brochure, dont M. Cap a fait hommage à la Société, il y a quelques mois, contient cette étude biographique sur Pierre Bayen; elle ren-
ferme, en outre, une note dans laquelle M. Cap démontre que Bayen est
bien le premier chimiste qui ait découvert l'oxygène. Cette note a été lue
à l'Académie des sciences dans sa séance du 17 octobre 1864. Dans cette

Je ne veux pas augmenter le nombre de ces biographes et je n'ai pas l'intention de faire devant vous une nouvelle analyse des nombreux mémoires de Bayen ; mais pour vous faire apprécier la haute valeur du savant chimiste dont je dois vous entretenir, je ne puis m'empêcher de rappeler quelques-uns de ses travaux les plus importants.

Puis-je ne pas mentionner ses recherches chimiques sur l'étain, exécutées à la demande du gouvernement, de concert avec Charlard, et auxquelles, de l'aveu même de ce dernier, Bayen prit la part la plus grande ? En annonçant qu'ils avaient trouvé de l'arsenic dans ce métal, alors si généralement employé, deux chimistes, Henckel, vers 1740, et après lui, Margraff, de Berlin, avaient jeté l'alarme dans les populations ; mais Bayen prouva la complète innocuité de l'étain, et il rendit à ces mêmes populations un véritable service, puisqu'il les rassura sur le danger imaginaire que pouvait faire craindre l'usage journalier de cet utile métal.

Puis-je omettre ces analyses des sources de Bagnères-de-Luchon, dans lesquelles Bayen, dès 1766, signala l'existence d'un sulfure alcalin ? Jusqu'au travail si complet et si remarquable publié en 1852 par M. Filhol, de Toulouse, les nombreuses recherches dont ces sources

double étude, M. Cap a fait ressortir, avec son talent habituel, les divers genres de mérite de notre compatriote comme pharmacien, comme savant et comme administrateur ; il a donné de ses travaux chimiques une analyse détaillée qui permet d'en bien juger toute la portée ; et enfin il a rappelé les qualités qui, chez Bayen, faisaient aimer l'homme privé. Cette nouvelle étude biographique n'intéressera pas moins les lecteurs que toutes celles que M. Cap a déjà publiées. Ils y retrouveront tout ce qui plaît dans les ouvrages de notre collègue : pureté et élégance de style, précision et clarté dans l'exposition des faits scientifiques, et surtout ils ressentiront cette chaleur pénétrante qui éveille l'émotion et qui fait naître une double affection et pour celui qui est le sujet de la notice et pour celui qui en est l'écrivain.

minérales avaient été l'objet, n'avaient pas fait oublier les analyses de Bayen (1).

Ces analyses, où pour reconnaître la présence et la proportion du soufre, il employait des dissolutions de mercure, ont été le point de départ des expériences qu'il entreprit plus tard pour étudier les précipités mercuriels et pour en découvrir la nature. C'est dans le cours de ces recherches qu'il réduisit, sans le secours du charbon, le précipité *per se* (oxyde rouge de mercure), et qu'il obtint un gaz auquel il reconnut des propriétés particulières et différentes de celles de l'air. Ce gaz, c'était l'oxygène alors isolé et recueilli pour la première fois : et ces expériences de Bayen, avec les déductions remarquables qu'il sut en tirer, portèrent les premiers coups à la théorie du phlogistique de Stahl et furent le commencement de cette révolution scientifique que devait accomplir le génie de l'illustre, de l'infortuné Lavoisier.

Ainsi le nom de Bayen peut figurer à côté des noms des savants les plus éminents de son temps : Lavoisier, Priestley, Scheele, Bergmann, Berthollet, Fourcroy; il est un de ceux dont notre pays peut se faire honneur à bon droit, honneur que les qualités morales, le mérite et les travaux de celui qui l'a porté, justifient pleinement.

C'est pourquoi, Messieurs, à cause de l'intérêt tout local qui s'attache à la vie d'un savant, trop peu connu chez nous, il m'a semblé que vous entendriez volontiers certains renseignements plus intimes sur Bayen et sur sa famille, renseignements que depuis longtemps je me suis efforcé de recueillir, que j'ai été heureux de communiquer à M. Cap, son dernier biographe, mais dont la plus grande partie ne pouvait trouver place que dans une notice plus spécialement destinée à être lue au milieu de nous. La

(1) Une de ces sources porte le nom de Bayen ; elle est la plus riche en sulfure de sodium.

Société d'agriculture de la Marne se félicitera de cette occasion qui lui est offerte de rendre hommage à son tour à l'un des plus dignes enfants du pays, et de faire connaître quelques-uns des titres qui le recommandent à l'estime et au souvenir de tous nos concitoyens.

C'est en parcourant les registres de l'état civil des diverses paroisses de la ville, en feuilletant ceux de la capitation, qui existent presque sans lacune aux archives de la mairie, que j'ai pu reconstituer à peu près la famille de Bayen (1).

Pierre Bayen est né à Châlons le 7 février 1725, de Pierre Bayen et de Françoise Legentil. Son père était boulanger dans la rue Saint-Jacques ; la maison qu'il occupait porte maintenant le n° 115, et l'établissement qu'il dirigeait existe encore aujourd'hui (2).

Le quartier où se trouvait cette famille était habité alors principalement par des tisseurs de serge, de sangles et de surfaix ; il y avait aussi des maîtres bateliers qui faisaient des transports sur la Marne. Pierre Bayen le père devait être un bourgeois aisé et influent dans cette partie de la ville ; il avait été marguillier de la paroisse de Saint-Loup, et c'est, sans doute, ce qui valut à sa femme et à lui l'honneur d'être inhumés dans l'intérieur de l'église.

En parcourant les registres de la capitation, on trouve qu'il y était porté pour des sommes qui variaient de 24 à 36 livres, sommes considérables pour l'époque, tandis que ses voisins ne payaient que 4, 5, 6 et 8 livres. Sa fille aînée, Anne Bayen, qui paraît avoir géré la boulangerie pendant quelque temps après la mort de son père, était elle-même taxée à 18 livres.

Bayen était le dernier des sept enfants qui composaient

(1) Voir page 13 la note (A).
(2) Voir page 14 la note (B).

sa famille. Il avait 12 ans lorsqu'il perdit sa mère le 12 mars 1737, et près de 17 ans lorsque son père mourut le 21 octobre 1741. Ces dates relevées sur des documents certains ne sont point en parfait accord avec la notice de Parmentier, qui rapporte que Bayen perdit jeune encore les auteurs de ses jours et qu'il resta sous la surveillance d'une sœur aînée plus âgée que lui de 12 ans. Cette sœur, continue-t-il, lui apprit elle-même à lire, à écrire et à compter, et ne pouvant pas conduire plus loin son éducation, elle le plaça, à l'âge de 9 ans, au collége de Troyes, où il fit toutes ses études.

Il est probable que ce fut en effet cette sœur aînée, Anne Bayen, née en 1710, qui prit soin de son jeune frère après la mort de sa mère; il est peut-être moins exact qu'elle ait eu une aussi grande part dans la direction de son éducation, puisque ce n'est qu'en 1741 que cette famille fut privée de son chef.

Anne Bayen, nous l'avons dit, resta pendant quelque temps chargée d'exploiter la boulangerie; plus tard, cet établissement passa entre les mains d'un sieur Pierre Gaillard, et sur les registres de la paroisse de Saint-Loup, on voit que, le 31 octobre 1743, Pierre Bayen était parrain d'un enfant du successeur de son père; il avait alors presque 19 ans, et sa sœur Anne habitait encore la maison paternelle à cette époque.

Ici se présente une particularité que n'ont point relevée ceux qui ont écrit l'histoire de notre chimiste.

On raconte que Bayen commença sa carrière pharmaceutique chez un apothicaire de Reims, nommé Faciot, qu'il y resta deux ans, puis qu'il vint à Paris en 1749, et qu'il entra dans l'officine de Charras avant d'appartenir à la pharmacie de l'armée. Il en résulte que c'est en 1747, et seulement à l'âge de 22 ans, qu'il se décida à faire choix d'un état. Peut-être avait-il été indécis jusque-là sur la profession qu'il devait embrasser? Aussi ses biographes le représentent comme menant l'existence d'un curieux, cherchant partout à s'instruire, utilisant ses loisirs en s'initiant à toutes les pratiques agricoles par de longs séjours ou des promenades à la campagne, ou bien encore en fréquentant à la ville les ateliers des artisans, en s'efforçant de connaître leurs procédés, comme s'il eût voulu, dit M. Cap, se préparer à l'étude des sciences par l'apprentissage des métiers.

En 1742, Antoinette Bayen, sa seconde sœur, née le 2 juillet 1714, avait épousé Joseph Malatret, maître boulanger, lequel demeurait sur la paroisse de la Trinité. Pierre Bayen ne paraît pas avoir assisté à la cérémonie, car on ne trouve pas sa signature sur l'acte de mariage, tandis qu'on y voit celle de sa sœur aînée, Anne Bayen. C'est de cette union qu'est né Joseph-Michel Malatret, qui fut plus tard pharmacien militaire et qui publia les œuvres de son oncle.

Il est remarquable qu'une famille aussi nombreuse n'ait pas laissé plus de traces de son existence. Malgré mes recherches, je n'ai rien découvert qui pût faire connaître ce que sont devenus les autres frères et sœurs de Bayen. Plusieurs d'entre eux ont dû mourir en bas âge; car, à cette époque, on n'inscrivait pas toujours sur les registres de la paroisse le décès des jeunes enfants. Cependant un Claude Bayen, qui pourrait être le frère aîné du chimiste, était établi, en 1741, maître boulanger dans la rue de Vaux; mais son nom, qui est porté sur les registres de la capitation, n'y figure ni après ni avant 1741. Seulement on voit sur les registres de la paroisse Notre-Dame, qu'une fille de Claude Bayen et de Marguerite Darvillé, née en 1740, a eu pour marraine Antoinette Bayen.

Enfin par un acte passé devant M⁰ Joppé, notaire, le 20

mars 1770, Pierre Bayen et Joseph-Michel Malatret vendaient à Jean-Baptiste Gougelet et à Marianne Darra la maison de la rue Saint-Jacques où était établie la boulangerie, et l'acte constate qu'elle leur provient de Pierre Bayen et de Françoise Legentil, leurs père et mère et aïeux : ce qui peut faire supposer qu'ils étaient alors les seuls héritiers que ceux-ci eussent laissés, à moins que la maison ne leur eût été attribuée par un partage fait antérieurement, ce que je n'ai pas pu vérifier. Il suit encore de cet acte, que Pierre Gaillard, qui exploitait la boulangerie depuis qu'Anne Bayen n'en avait plus la direction, n'était lui-même que locataire de la maison.

Pierre Bayen le chimiste a laissé peu de souvenirs à Châlons, il n'y avait pas fait ses études et tout naturellement ses fonctions de pharmacien militaire l'en éloignaient toujours. Cependant il pouvait bien y avoir conservé quelques relations, notamment avec la famille de sa mère dont il reste encore de nombreux représentants (1).

C'est à titre de parent de ce côté qu'il allait presque chaque année passer quelques jours chez M. Tausserat, riche propriétaire de Plivot. Comme il était attaché au service médical des Dames de France, tantes du roi Louis XVI, il venait de temps en temps au château de Louvois, et il profitait de son séjour dans cette résidence princière pour se rendre à Plivot. Bayen devait être d'un abord agréable et sans doute d'un caractère enjoué dans l'intimité, car il apportait, dit-on, beaucoup de gaîté dans la maison de M. Tausserat, et les jeunes gens et les jeunes personnes de la famille se réjouissaient toujours de son arrivée.

Il paraît aussi qu'il y faisait des expériences lorsqu'il en trouvait l'occasion. Une fois entre autres, il avait mis

(1) Voir page 15 la note (C).

en réserve une certaine quantité de raisin auquel il avait
fait subir je ne sais quel traitement, puis, obligé de s'ab-
senter pour deux ou trois jours, il avait bien recom-
mandé que personne ne touchât au raisin avant son
retour ; mais rappelé à Paris par son service, il ne put
continuer ses opérations, et le raisin se trouva totale-
ment perdu, au grand regret du propriétaire. Peut-être
Bayen voulait-il isoler l'acide tartrique que Scheele venait
de découvrir ? Peut-être cherchait-il le sucre de raisin,
dont son ami Parmentier devait tant s'occuper plus tard ?

Ici, Messieurs, s'arrêtent les renseignements particuliers
et locaux que j'ai pu rassembler sur Bayen, sur sa famille
et sur ses rapports avec notre pays. Quelques mots sur
ses relations avec Parmentier et sur la haute estime que
le savant économiste portait à notre compatriote, ne se-
ront pas déplacés dans cette notice.

J'ai dit plus haut que Parmentier avait prononcé l'éloge
de Bayen, son maître, son collègue et son ami : ce sont
ses propres expressions. Antoine-Augustin Parmentier, né
en 1737, à Montdidier, en Picardie, était de 12 ans plus
jeune que Bayen. Voici, sur l'origine de leur réciproque
affection, comment s'exprime Cadet de Gassicourt dans
un éloge lu par lui à la Société de pharmacie de Paris, le
16 mai 1814 :

« En 1757, Parmentier partit pour l'armée de Hanovre.
« Le célèbre Bayen en était alors le pharmacien en chef.
« Cet homme habile, doué d'un tact sûr, ne fut pas long-
« temps sans deviner le mérite d'Augustin, sans recon-
« naître en lui un jugement sain, un esprit vif, des con-
« naissances positives, l'amour de ses devoirs, une douce
« sensibilité, enfin toutes les qualités que le divin Hippo-
« crate désire dans ceux qui se destinent à l'art de guérir.
« Bayen, charmé d'avoir sous sa direction un sujet de si
« grande espérance, se promit de ne pas le perdre de vue.

« Il régna pendant cette campagne une épidémie très-
« funeste dans les hôpitaux militaires ; mais Bayen et
« Parmentier se dévouèrent avec tant de soins et d'acti-
« vité au secours des malades, qu'ils bornèrent les pro-
« grés de la contagion.

« Aussi tous les pharmaciens qui se trouvaient sous de
« pareils chefs et recevaient de si bons exemples, ob-
« tinrent-ils l'estime générale de l'armée.

« C'est à cette époque que se forma entre Bayen et
« Parmentier une union qui fut inaltérable, malgré la
« différence de leurs caractères, et peut-être même à
« cause de cette différence, qui les rendait nécessaires
« l'un à l'autre. »

Cette différence de caractère que constate ici le biographe
de Parmentier pouvait être appréciée alors par ses audi-
teurs, qui, peut-être, pour la plupart, avaient connu les
deux illustres savants ; elle est moins sensible pour nous,
quoiqu'elle nous paraisse se refléter un peu dans leurs
travaux. Ainsi Bayen plus calme, plus réservé, plus intérieur, pour ainsi dire, est un véritable chimiste de labo-
ratoire, il semble noter heure par heure les résultats de
ses observations, jusqu'au moment où, sortant avec peine
de sa retraite silencieuse, il met au jour un de ces mémoires pleins de faits, où les expériences sont décrites
avec beaucoup de soin et d'exactitude, mais dont la lecture
n'est accessible qu'aux académiciens et aux savants. Et
c'est peut-être cette réserve, cette modestie de Bayen qui
ont amoindri le retentissement que ses talents d'administrateur, sa science profonde et ses découvertes eussent pu
donner à son nom.

Chez Parmentier, le premier mouvement, souvent plein
d'émotion, va quelquefois jusqu'à la vivacité, et il faut
que son extrême bonté retienne et modère cette propen-

sion, mais il paraît plus expansif, plus extérieur, et c'est pourquoi tout ce qu'il publie est mis par lui à la portée du plus grand nombre des lecteurs. Comme il est toujours inspiré par la philantropie la mieux enten due, il tend surtout à soulager et à améliorer la situation de ceux qui ont faim et de ceux qui souffrent.

Mais à côté de cette différence du caractère des deux amis, combien ne trouve-t-on pas d'analogies? Même activité, même honnêteté, même dévouement, même disposition à être utile et à faire le bien. Ces-analogies se retrouvent jusque dans leur existence : tous deux encore jeunes avaient été privés de leurs parents, tous deux avaient eu une sœur pour soutien ; tous deux avaient suivi la même carrière, celle de la pharmacie militaire, et ils avaient atteint le grade le plus élevé, celui d'inspecteur général du service de santé de l'armée ; tous deux enfin étaient restés célibataires. Aussi n'est-on pas surpris de cette amitié chaleureuse et sincère qui les unissait, et de cette déférence affectueuse et désintéressée que Parmentier se plaisait à proclamer partout.

« On lui demandait un jour, dit Cadet de Gassicourt,
« pourquoi Bayen s'était contenté du titre de pharmacien :
« C'est, dit-il, parce que Bayen était le premier phar-
« macien de la France, et que, suivant La Bruyère, *l'homme*
« *qui sait être un Érasme ne doit pas désirer d'être*
« *évêque.* »

« Un jour, continue le même écrivain, un nouveau mi-
« nistre, qui connaissait Parmentier et qui le croyait le
« premier pharmacien de l'armée, le fait venir pour le
« consulter sur quelques points importants du service
« pharmaceutique : Monseigneur, répondit-il, votre con-
« fiance m'honore, mais je dois faire observer à Votre
« Excellence que ceci regarde M. Bayen, mon chef. —

« Votre chef ! un homme de votre mérite serait subor-
« donné ! je ne le souffrirai pas. — Vous ne gagneriez
« pas au change, Monseigneur, M. Bayen est le pharma-
« cien le plus distingué non-seulement de la France mais
« de l'Europe entière. Levez le voile de modestie qui
« jusqu'à présent a caché ses talents à vos yeux, chargez-
« le du travail que vous me destiniez et vous connaîtrez
« ce qu'il vaut. »

« Le ministre suivit en l'admirant ce généreux conseil,
« et fut si content du rapport que lui fit Bayen, qu'il le
« confirma dans sa place avec augmentation d'appointe-
« ments et lui donna pour adjoint Parmentier. »

Ajouter quelque chose à ce jugement de Parmentier
sur Bayen, ce serait l'affaiblir.

La ville de Paris vient de donner tout récemment à
l'une de ses rues le nom de Bayen. Savant chimiste, fon-
dateur et organisateur de la pharmacie militaire en
France : voilà les titres qui ont dicté cette décision et qui
ont mérité cet honneur à notre compatriote.

A Châlons, pour rappeler le souvenir d'un homme dont
la vie n'a pas été sans illustration et dont le nom peut
jeter quelque éclat sur sa ville natale, nous ne possédons
qu'un portrait qui orne une des salles de cet hôtel-de-
ville. J'ignore quelle est l'origine et l'authenticité de ce
portrait, toutefois, par sa pose méditative, par l'expres-
sion douce et réfléchie de la physionomie, il me semble
reproduire parfaitement le caractère de celui dont on a
voulu conserver la mémoire. Espérons qu'une inscription
commémorative fera connaître quelque jour à nos concitoyens la maison où est né le pharmacien, le savant dont
tant de biographes ont prononcé l'éloge, et que nous aussi
nous voudrons qu'une de nos rues porte le nom de
Pierre Bayen.

(A) *Copie des actes concernant la famille de Pierre Bayen extraits
des registres de la paroisse de Saint-Loup.*

25 février 1710. — Anne Bayen, fille de Pierre Bayen et de Françoise
Legentil, étant née le 25 février 1710, fut baptisée le 26. Son parrain, Jean
Noël, et sa marraine, Anne Legentil, ont signé :

NOEL.   Anne LEGENTIL.   L. BRACHET, curé de St-Loup.

12 juin 1712. — Claude, fils de Pierre Bayen et de Françoise Legentil,
sa femme, estant né le 12 juin (1712), a été baptisé le 13°. Son parrain,
Claude Bayen, et sa marraine, Antoinette Giraudet.

Claude BAYEN.   VARNIER, curé de St-Loup.

2 juillet 1714. — Antoinette, fille de Pierre Bayen et de Françoise Legentil, sa femme, étant née le 2° juillet 1714, fut baptisée le 3°. Son parrain, Jean Legentil, et sa marraine, Antoinette Legentil.

J. LEGENTIL,   Antoinette LEGENTIL.   VARNIER, curé de St-Loup.

11 novembre 1716. — Marie-Anne, fille de Pierre Bayen et de Françoise
Legentil, sa femme, estant née le onzième novembre mil sept cent seize,
fut baptisée le même jour. Son parrain, François Pannet, sa marraine,
Antoinette Legentil.

F. PANNET.   Antoinette LEGENTIL.   VARNIER, curé de St-Loup.

16 novembre 1718. — Pierre-Nicolas, fils de Pierre Bayen et de Françoise Legentil, sa femme, étant né le seizième novembre mil sept cent dix-
huit, fut baptisé le même jour. Son parrain, Nicolas Hemey, sa marraine,
Anne Martelet.

N. HEMEY.   Anne MARTLET.   MAUPAS, vicaire de St-Loup.

11 août 1721. — Claudette, fille de Pierre Bayen et de Françoise Legentil, sa femme, étant née le onzième août mil sept cent vingt-et-un, fut
baptisée le même jour. Son parrain, Claude Rafflin, et sa marraine, Anne
Bayen.

Claude RAFFLIN.   Anne BAYEN.   VARNIER, curé de St-Loup.

7 février 1725. — Pierre, fils de Pierre Bayen et de Françoise Legentil,
sa femme, étant né le 7 février 1725, fut baptisé le même jour. Son parrain, Jean-Baptiste Hemey, sa marraine, Jeanne Bayen, qui a déclaré ne
savoir signer.

Jean-Baptiste HEMEY.   VARNIER, curé de St-Loup.

12 mars 1737. — Françoise Legentil, femme de Pierre Bayen, boulanger et ancien marguillier de la paroisse Saint-Loup, est morte le 12 mars (1737), âgée de 54 ans, et le lendemain a été inhumée en l'église de ladite paroisse, en présence des parents et amis qui ont signé :

Pierre BAYEN.   J. LEGENTIL.   JEANSON.   Claude RAFFLIN.
Henry-Pierre LALLEMAND.   VOGUET, vicaire de St-Loup.

21 décembre 1741. — Pierre Bayen, maître boulanger et ancien marguillier de la paroisse de Saint-Loup, est mort le vingt-et-un décembre mil sept cent quarante-et-un, âgé d'environ soixante ans, après avoir reçu les Sacrements de Pénitence, d'Eucharistie et d'Extrême-Onction, et le lendemain, vingt-deux dudit mois, a été inhumé dans l'église de ladite paroisse, en présence de Nicolas Leroy et de Nicolas Michel, qui ont signé :

Nicolas MICHEL.   LEROY.   JANNOT, curé de St-Loup.

2 juillet 1742. — Cejourd'hui, deuxième juillet mil sept cent quarante-deux, Joseph Malatret, maître boulanger, âgé de vingt-neuf ans, veuf de Marie-Jeanne Terrier, de la paroisse de la Sainte-Trinité, a épousé Antoinette Bayen, âgée de vingt-huit ans, fille de deffunt Pierre Bayen, vivant maître boulanger, et de deffunte Françoise Legentil, ses père et mère de la paroisse de Saint-Loup. Les bans de leur mariage ont été proclamés dans l'une et l'autre paroisse, sans aucun empêchement ni opposition, par trois divers jours de dimanche et fête. Et après les fiançailles faites, ils ont reçu de moi, soussigné, prêtre du diocèse de Reims et cousin germain de l'épousée, du consentement de M. le curé, la bénédiction nuptiale, en présence de Guillaume Carré, parrain de l'épousé, de Michel Malatret, frère de l'épousé, de Jean Legentil et de Nicolas Hemey, oncles de l'épousée, qui ont signé avec l'épousé et l'épousée et autres qui ont signé :

G. CAILLET.   Michel MALATRET.   P. ROLLAND.   C.-M. LÉPINETTE.
N. HEMEY.   Anne BAYEN.   THIERRY.   J. LEGENTIL.   THIERRY.
F. COLLET.   Nicolas GALLAND.   Joseph MALATRET.   B. LEGENTIL.
Antoinette BAYEN.   Marguerite BERTHE.

(B) *Ordre dans lequel s'est faite la transmission de la maison dans laquelle est né Pierre Bayen.*

23 janvier 1714. — Vente par Charles Grossart à Pierre Bayen et à Françoise Legentil. Mᵉ Milson notaire.

20 mars 1770. — Vente par Pierre Bayen et Joseph-Michel Malatret à Jean-Baptiste Gougelet et Marianne Darra. Mᵉ Joppé, notaire.

12 vendémiaire an iii. — Vente par Jean-Baptiste Gougelet et Marianne Darra à Pierre Gougelet et Marie-Jeanne Brodier. Mᵉ Écoutin, notaire.

18 avril 1816. — Vente par Marie-Jeanne Brodier, veuve Gougelet, et Jean-Baptiste Gougelet à Jean-Nicolas-Hilaire Deu. Mᵉ Failly, notaire.

1ᵉʳ février 1821. — Vente par Jean-Nicolas-Hilaire Deu à Nicolas-Victor Brocart. Mᵉ Failly, notaire.

La maison et la boulangerie appartiennent encore à M. Brocart.

(C) La famille Lamairesse et la famille Dagonet descendent par les femmes d'un proche parent de la mère de Bayen. M. Tausserat, de Plivot, dont il est question dans cette note, avait quatre enfants. Une de ses filles épousa M. Dagonet, pharmacien, rue de Marne, à Châlons, qui eut pour fils M. le docteur Dagonet, entomologiste distingué, directeur de l'asile départemental d'aliénés et membre de la Société d'agriculture de la Marne.

Châlons-sur-Marne, imprimerie de Le Roy.

Châlons